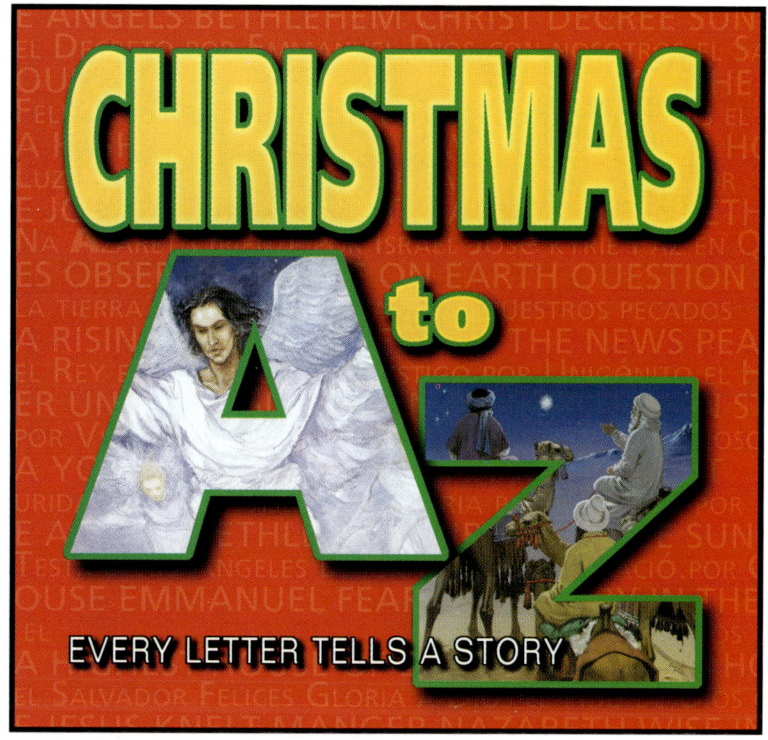

ISBN 0-687-06487-2

03 04 05 06 07 08 09 10 11 12 - 10 9 8 7 6 5 4 3 2 1

Manufactured in the United States of America

A is for Angels who sang about the birth.

B is for Bethlehem where God was born on Earth.

C is for Christ the Lord, magnificent and glorious.

D is for the Decree sent from Emperor Augustus.

E is for Emmanuel, which means that God is with us.

For a child has been born for us, a son given to us.

Isaiah 9:6a

A es por los Ángeles que cantaron.

B es por Belén donde el niño Dios nació.

C es por Cristo que un día entre nosotros vivió.

D es por el Decreto enviado por Augusto el emperador.

E es por Emmanuel, que "Dios con nosotros" quiere decir.

F is for "Fear not," the angel's message clear.

G is for "Glory in the Highest; peace to all who hear."

H is for the House of David, the family's journey's end.

I is for the Innkeeper and the stable he did lend.

J is for Joseph, who named the baby Jesus.

K is for "they knelt down and paid him homage."

His authority shall grow continually, and there shall be endless peace for the throne of David and his kingdom.

Isaiah 9:7a

F es por Felices los pastores
que escucharon al ángel
anunciar.

G es por "Gloria a Dios en
las alturas y a los hombres
paz."

H es por el Hijo de Dios, que
Jesús es.

I es por Israel de donde el
salvador vendría.

J es por José que a Dios
obedecería.

K es por kyrie que en griego
Señor se diría.

L is for "in the darkness, Light."

M is for the Manger, where the Baby slept that night.

N is for Nazareth in lower Galilee.

O is for "They Observed the star joyfully."

The people who walked in darkness have seen a great light.

Isaiah 9:2

L es por "Luz que
ahora en la
oscuridad brilla."

M es por María que la
voluntad de Dios
haría.

N es por Nazaret
pequeña aldea
donde Jesús se crió.

O es por Oriente de
donde el grupo de
magos llegó.

P is for "Peace on earth", the song the angels sang.

Q is for the Question: "Where is he, born to be King?"

R is for the Rising sun– Christ the world's true light.

S is for the Star and its light that shone so bright.

T is for Telling the news as the shepherds did that night.

Because of the tender mercy of our God, by which the rising sun will come to us from heaven to shine on those living in darkness...
to guide our feet into the path of peace.

Luke 1: 78-79 NIV

P es por "Paz en la tierra" que los ángeles proclamaron.

Q es por "¿Quién nos librará de nuestros pecados."

R es por el Rey de los judíos que ha nacido.

S es porque el Salvador de la humanid sería.

T es por Testigo de que la luz al mundo llegó.

U is for Unto us a child is born in David's little town.

V is for the Virgin, singing of God's love come down.

W is for Wise Men who journeyed far to seek.

X is for Xristos, the beginning of Christ in Greek.

Y is for You and me– Jesus came to save.

Z is for Zechariah–a prophecy bold he gave.

And she gave birth to her
firstborn son
and wrapped in bands of cloth,
and laid him in a manger,
because there was no place for them
in the inn.

Luke 2:7

U es por Unigénito, el
único hijo de Dios,

V es por Virgen María
de la que nació.

W es por Word que es
Palabra en inglés.

X es por Xristos, que
ungido de Dios en
griego es.

Y es por "Y todos vieron
su gloria."

Z es por Zacarías cuyo
hijo preparó el
camino de la
salvación.

THE CHRISTMAS STORY

Mary, a young virgin in the village of Nazareth was engaged to be married to the village carpenter, Joseph. Mary was happy, preparing for her wedding. One day as she worked, an angel appeared in her house. Mary was frightened, but the angel said, "Don't be afraid, Mary, you have made God very happy, and God has chosen you to be the mother of God's son. He will bring peace to all the earth. When your baby is born, you must name him Jesus. Nothing is impossible for God."

Later, as Joseph slept, the angel visited him as well. "Joseph," the angel said, "Mary will have a baby who will save the whole world. He is the child the prophets spoke about, Emmanuel, which means God is with us!"

Meanwhile, a baby boy had been born to Mary's cousin Elizabeth. His father, Zechariah, knew that his baby was special too. He knew that little John would grow up to tell people about God's love and forgiveness, and about God's son. "Jesus," Zechariah said, "would be like a bright light in the darkness, leading people to God."

Sometime after the angel's visit, a herald came to Nazareth to announce a decree from the Emperor. Everyone would have to go to the city of their ancestors to register for a census. Joseph and Mary went to Bethlehem because Joseph was a descendant of King David. Bethlehem was known as the House of David.

By the time they got there every room in the inn was full. Mary knew that her baby would soon be born, so they took shelter in a stable. That night baby Jesus was born. Mary wrapped him in bands of cloth, called swaddling clothes. Joseph made a soft bed for him in the manger.

That same night, on a hillside outside Bethlehem, shepherds were taking care of their flocks of sheep. Suddenly the angel of the Lord appeared in the sky. The angel was surrounded by a glowing light, so bright the shepherds were frightened. But the the angel said, "Fear not: for, behold, I bring you good tidings of great joy, which shall be to all people. This very night a Savior has been born and he is Christ the Lord. You will find the baby in a stable in Bethlehem."

And suddenly there were more angels in the sky, praising God and saying, "Glory to God in the highest and on earth peace and good will."

The angels went away into heaven, and the shepherds said to one another, "Let us go and find the baby who God has sent to save the world." They hurried to Bethlehem and found Mary, and Joseph, and the baby, lying in a manger.

Then the shepherds went back to the fields, telling everyone they saw the good news that the angels had brought.

Joseph moved his little family into a home and went on with his carpenter's work. Time passed and Jesus grew. One day the family was startled by travelers at their door. Wise Men had traveled a long way following a star they knew would lead them to the baby king. At every stop, they had asked the question, "Where is the baby who has been born to be a king? We have seen his star in the East and have come to worship him."

When they observed the star over the house where Jesus lived, they were overwhelmed with joy. When Joseph opened the door, they went in and knelt down and worshiped Jesus and gave him wonderful gifts they had brought along.

The good news the angels brought was good news for the shepherds and the Wise Men, and it was good news for you and for me!

LA HISTORIA DE NAVIDAD

María, una joven de Nazaret estaba comprometida para casarse con José, el carpintero de la aldea. María estaba feliz preparándose para su boda cuando un día que estaba trabajando, un ángel se apareció en su casa. María se asustó, pero el ángel le dijo, "No tengas miedo. María, haz hecho muy feliz a Dios y te ha escogido para ser la madre de su hijo. Él traerá paz a la tierra. Cuando tu bebé nazca lo debes llamar Jesús, que quiere decir Salvador".

Un poco después, cuando José estaba durmiendo, el ángel también lo visitó. "José -le dijo el ángel- María tendrá un hijo que salvará a todo el mundo. Este es el niño del que hablaron los profetas, él es Emmanuel, que significa ¡Dios con nosotros!"

Mientras tanto, Elizabet, la prima de María también había tenido un hijo. Su padre, Zacarías, sabía que también su bebé era especial. Sabía que el pequeño Juan crecería y le hablaría a la gente sobre el amor y perdón de Dios, y sobre el hijo de Dios. Zacarías dijo que Jesús sería como una luz brillando en la oscuridad, dirigiendo al pueblo de Dios.

Tiempo después de la visita del ángel, un enviado del emperador de Roma vino a Nazaret para anunciar que todos deberían ir a la ciudad donde habían nacido para que se levantara un censo. Así que María y José se fueron a Belén porque José era descendiente del rey David.

Cuando llegaron a Belén todos los cuartos en el mesón ya estaban ocupados. María sabía que su bebé nacería pronto, así que se refugiaron en el establo. Esa noche nació Jesús. María lo envolvió en pañales y lo puso en el pesebre que José había preparado.

Esa misma noche, en el campo fuera de Belén, había unos pastores que estaban cuidando a sus rebaños. De repente, el ángel del Señor se apareció en el cielo rodeado por una luz tan brillante que hizo que los pastores se asustaran. Pero el ángel les dijo "No tengan miedo, porque les traigo una buena noticia, que será motivo de gran alegría para todos: hoy les ha nacido en el pueblo de David un salvador, que es el Mesías... y encontrarán al niño envuelto en pañales y acostado en un pesebre".

Después, también de repente aparecieron muchos ángeles en el cielo, alabando a Dios y diciendo, "¡Gloria a Dios en las alturas! ¡Paz en la tierra entre los hombres que gozan de su favor!"

Los ángeles se volvieron al cielo, y los pastores platicaron entre ellos y dijeron "Vamos a Belén para ver lo que ha sucedido y que Dios nos ha anunciado". Se apresuraron para llegar a Belén y encontraron a María, José y al bebé acostado en el pesebre.

Cuando los pastores regresaron al campo, le decían a todos lo que habían visto y las buenas noticias que los ángeles les habían dado.

Después de un tiempo la familia se sorprendió gratamente por unos viajeros que llegaron hasta su casa. Eran unos sabios de oriente que habían viajado mucho siguiendo una estrella que sabían que los llevaría hasta el bebé que era rey. Cada vez que se detenían le preguntaban a la gente "¿Dónde esta el bebé que nació para ser rey? Hemos visto su estrella en el oriente y hemos venido a adorarlo".

Cuando vieron la estrella sobre la casa donde estaba Jesús, sintieron mucho gozo. Y cuando José los llevó a donde estaba Jesús, se arrodillaron, lo adoraron y le dieron los maravillosos regalos que le habían traído.

El anuncio que los ángeles hicieron fueron buenas noticias para los pastores, y los sabios de oriente, ¡y son buenas nuevas para ti y para mi!